WER WAR
MARIE CURIE?

WER WAR MARIE CURIE?

von Megan Stine

Illustriert von Ted Hammond

Coverillustration von Alexandra Helm

Für meine Mutter – MS

WHO WAS MARIE CURIE?

This edition published by arrangement with Penguin Workshop, an imprint of
Penguin Young Readers Group, a division of Penguin Random House LLC.
Who HQ® and all related logos are trademarks owned by
Penguin Random House LLC.

Cover illustration: Alexandra Helm
Übersetzung: Simone Fischer
Satz deutsche Ausgabe: Julia Groier-Bleiweis

www.adrian-verlag.de
Adrian & Wimmelbuchverlag GmbH
Friedrichstraße 126, 10117 Berlin

ISBN-13: 9783985850280
Printed in EU 2022

INHALT

WER WAR MARIE CURIE?

An einem Tag im November 1903 erhielten Marie Curie und ihr Ehemann einen Brief per Post. Er enthielt eine Einladung, von Paris nach Schweden zu reisen, um dort den König und die Königin zu treffen! Marie sollte eine Goldmedaille, ein festliches Essen und eine große Summe Geld erhalten. Sie war im Begriff, auf der ganzen Welt berühmt zu werden, denn sie stand kurz davor, den Nobelpreis zu gewinnen!

Was hatte sie getan, womit sie das alles verdient hatte?

Marie Curie war Wissenschaftlerin in einer Zeit, in der es fast keine weiblichen Wissenschaftler gab. Die meisten Frauen durften damals noch nicht einmal studieren! Doch Marie war nicht wie die meisten Frauen. Sie sprach fünf Sprachen. Sie liebte mathematische Probleme so sehr, dass ihr Vater ihr solche in seinen Briefen schickte. Sie lernte Albert Einstein kennen – den berühmtesten Wissenschaftler der Welt! Sie war brillant und entschlossen, erfolgreich zu werden.

Marie sollte den Nobelpreis für ihre wissenschaftliche Arbeit erhalten. Sie hatte ein neues Metall entdeckt! Dieses neue Metall nannte sie Radium.

Anfangs wusste Marie nicht einmal, was dieses neue Metall war. Sie stellte nur fest, dass es verblüffend mächtig war. Es gab Energie ab! Es leuchtete im Dunkeln und verströmte ein schwaches grünes Licht. Marie war der Meinung, es sähe aus wie Feenlicht.

Am Ende ihrer Arbeit sollte Maries Entdeckung die Welt im Guten wie im Schlechten verändern. Und Marie Curie sollte zur berühmtesten Wissenschaftlerin der Geschichte werden.

DER NOBELPREIS

Der Nobelpreis ist eine der bekanntesten und wichtigsten Auszeichnungen, die vergeben werden. Er wurde von dem schwedischen Wissenschaftler gestiftet, der das Dynamit erfunden hat. Alfred Nobel war sehr reich. Er wollte Menschen auszeichnen, die dazu beitrugen, die Welt zu einem besseren Ort zu machen. Daher stiftete er den Nobelpreis in seinem Testament. Die Preise werden für Naturwissenschaften, Medizin, Literatur und Frieden vergeben. Im Jahr 2013 war der Nobelpreis mit jeweils über 1 Million Dollar dotiert!

Die Nobelpreisträger werden zu einer feierlichen Veranstaltung nach Stockholm in Schweden eingeladen. Dort wird ihnen vom schwedischen König eine Goldmedaille überreicht! Anschließend findet ein großes Bankett mit dem König und der Königin statt.

Die allerersten Nobelpreise wurden 1901 verliehen. Einer der Wissenschaftspreise ging an Wilhelm Röntgen, den Entdecker der Röntgenstrahlen. Marie und Pierre Curie gewannen den Preis 1903. Weitere berühmte Preisträger sind Albert Einstein, Martin Luther King Jr., Barack Obama, Malala Yousafzai und Mutter Teresa.

KAPITEL 1

WISSENSDURSTIG

Maria Sklodowska wurde am 7. November 1867 geboren. Sie war das jüngste von fünf Kindern und hatte drei ältere Schwestern und einen Bruder. Ihre Eltern waren beide Lehrer. Ihre Mutter arbeitete als Direktorin einer Schule. Ihr Vater unterrichtete Naturwissenschaften. Später leitete er seine eigenen Schulen.

Maria wurde in Warschau, der Hauptstadt Polens, geboren. Polen existierte zu dieser Zeit noch nicht wirklich als Land. Die Nachbarländer hatten Polen übernommen und es in drei Teile aufgeteilt. Maria lebte in dem von Russland beherrschten Teil.

Durch die Straßen, in denen Maria lebte, liefen russische Wachen und patrouillierten in den Schulen, in denen ihre Eltern unterrichteten. Die Russen hatten strenge Regeln. Niemand durfte polnische Lieder singen. In den Schulen durfte keine polnische Geschichte gelehrt werden. Schüler und Lehrer durften nicht einmal Polnisch sprechen! Der gesamte Unterricht musste in russischer Sprache abgehalten werden.

Marias Familie hasste die Russen und deren Regeln. Ihr Vater war sehr stolz darauf, Pole zu sein. Er lehrte seine Kinder, ihr Land zu lieben und die Russen zu hassen. Wenn Maria und ihre Freundin an einer russischen Statue vorbeikamen, spuckten sie darauf!

Maria war ein wunderbares, aufgewecktes und neugieriges Kind. Im Alter von vier Jahren betrachtete sie mit Begeisterung die wissenschaftlichen Geräte ihres Vaters in einer Glasvitrine.

Sie liebte ihren Vater und hörte ihm immer aufmerksam zu. Ihr Vater verwandelte jedes Gespräch in eine Lektion. Er erfand Spiele, um seinen Kindern Geografie beizubringen. Er gab ihnen Matheaufgaben. Er las ihnen Gedichte vor. Er sprach fünf Sprachen, und Maria lernte diese auch.

In der Schule war Maria das klügste Mädchen in ihrer Klasse. Sie konnte alle richtigen Antworten entweder auf Polnisch oder auf Russisch geben. Wenn die russischen Wachen nicht da waren, unterrichteten die Lehrer ihre Schüler heimlich auf Polnisch.

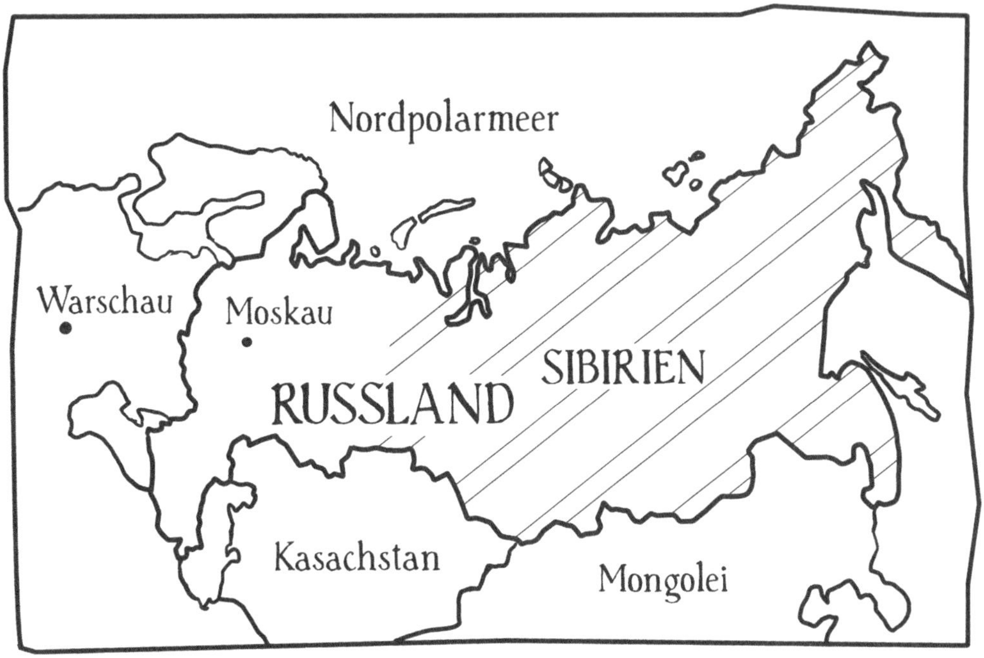

Eines Tages kam ein russischer Wachmann in die Schule. Schnell wechselte die ganze Klasse wieder zur russischen Sprache. Alle waren nervös. Wenn die Wachen die Wahrheit herausfanden, würden sie alle bestrafen. Sie könnten sie an einen kalten, weit entfernten Ort in Russland namens Sibirien schicken.

Die Lehrerin forderte Maria auf, dem Wachmann seine Fragen auf Russisch zu beantworten. Maria bestand den Test mit Bravour, aber sie hatte ein schlechtes Gewissen, weil sie es getan hatte!

Sie fühlte sich wie eine Verräterin an ihrem Land, weil sie den Russen gehorchte.

Für Marias Familie war das Leben hart. Ihre Mutter war schwer an einer Krankheit namens Tuberkulose erkrankt. Sie musste über ein Jahr lang zu einer Kur weggehen, um gesund zu werden.

Bald darauf verlor ihr Vater seine Arbeit an einer russischen Schule. Um Geld zu verdienen, eröffnete er im Haus der Familie ein Internat.

Dort wurden täglich über zwanzig Jungen unterrichtet. Einige von ihnen lebten bei der Familie. Andere kamen nur zum Lernen. Das Haus war überfüllt, laut und nicht sehr sauber.

Aufgrund der vielen Menschen wurde das Risiko, krank zu werden, immer größer. Marias Schwester Sofia erkrankte an einer Krankheit namens Typhus und verstarb daran. Vier Jahre später starb auch Marias Mutter. Das stimmte Maria sehr traurig.

Am Ende des Schuljahres berichtete Marias Lehrerin ihrem Vater, dass Maria sehr gestresst sei. Die Lehrerin war der Meinung, dass Maria ein Jahr vom Unterricht befreit werden sollte. Ihr Vater schickte sie jedoch stattdessen auf eine strenge russische Schule, denn in Marias Familie wurde niemals eine Lernpause eingelegt.

Im Jahr 1883 machte Maria im Alter von fünfzehn Jahren ihr Abitur als Jahrgangsbeste. Sie erhielt sogar die Goldmedaille der Schule als beste Schülerin!

Nach Abschluss der Schule willigte Marias Vater ein, seiner Tochter eine Auszeit zu gönnen. Maria war zu jung, um zu heiraten, und ihr Vater konnte es sich nicht leisten, sie auf die Universität gehen zu lassen. Stattdessen schickte er sie zu Verwandten aufs Land.

Während des nächsten Jahres führte Maria ein wunderbares, unbeschwertes Leben. Ihre Onkel und Tanten spielten Musik, nahmen sie zu Tanzveranstaltungen mit und luden viele interessante Gäste ein. An vielen Tagen schlief Maria lange und spielte dann draußen wie ein Kind. Sie liebte es, zu schaukeln, Waldbeeren zu sammeln, zu angeln, zu lesen und zu spielen. Abends ging sie zu Festen und erlernte dort

einen polnischen Tanz namens Mazurka.

Sie fühlte sich so frei! Auf dem Land, schrieb sie später, konnte sie sogar „patriotische Lieder singen, ohne dafür ins Gefängnis zu kommen".

Es war die glücklichste Zeit, die sie in ihrem jungen Leben je verbracht hatte.

KAPITEL 2

DIE GEHEIME SCHULE

Ausgeruht und älter geworden, wollte Maria unbedingt ein Studium beginnen, aber die Familie hatte nur genug Geld, um jeweils einem Kind ein Studium zu ermöglichen. Ihr Bruder Jozef studierte bereits Medizin. Maria und ihre Schwestern würden also warten müssen, bis sie an der Reihe waren. Außerdem waren an der Warschauer Universität keine Mädchen zugelassen!

UNIVERSITÄT WARSCHAU

So beschloss Maria, während des nächsten Jahres auf eigene Faust zu studieren. Sie wollte unbedingt Wissenschaftlerin werden, wie ihr Vater. Aber wie sollte sie ohne Lehrer, Laboratorien und Klassenzimmer jemals die Wissenschaft erlernen?

Zum Glück gab es eine sehr kluge Frau, die ihr helfen konnte. Der Name der Frau war Jadwiga Dawidowa. Jadwiga wusste, dass viele junge Polinnen studieren wollten, auch wenn das bedeutete, eine Strafe zu riskieren und gegen die russischen Regeln zu verstoßen. Deswegen gründete Jadwiga eine geheime Universität!

JADWIGA DAWIDOWA

Zunächst wurde der Unterricht in Privathäusern abgehalten. Die klügsten Wissenschaftlerinnen und Schriftstellerinnen Warschaus meldeten sich freiwillig als Lehrerinnen.

Später verlegte Jadwiga die Kurse heimlich in größere Gebäude. Die Klassen mussten immer wieder umziehen – sozusagen von Ort zu Ort fliegen –,

damit die russische Polizei nichts mitbekam. Bald wurde die Schule als „Fliegende Universität" bekannt!

Maria und ihre Schwester Bronia nahmen an Kursen der Fliegenden Universität teil.

Dennoch träumten die beiden davon, eines Tages eine richtige Universität zu besuchen. Aber wo? Die beste Wahl war die Sorbonne, eine berühmte Universität in Paris, Frankreich. Sie war wahrscheinlich die beste Universität Europas und nahm auch Frauen auf.

Maria und Bronia schmiedeten einen Plan. Sie würden sich abwechseln! Bronia würde zuerst zum Studieren nach Paris gehen. Maria würde währenddessen in Polen bleiben, um Geld für sie beide zu verdienen. Nachdem Bronia ihren Abschluss an der Sorbonne gemacht hatte, sollte Maria an der Reihe sein.

Maria nahm eine Stelle als Gouvernante an. Im Alter von achtzehn Jahren ließ sie ihren geliebten Vater und ihr Zuhause zurück, um bei einer reichen Familie auf dem Land zu leben.

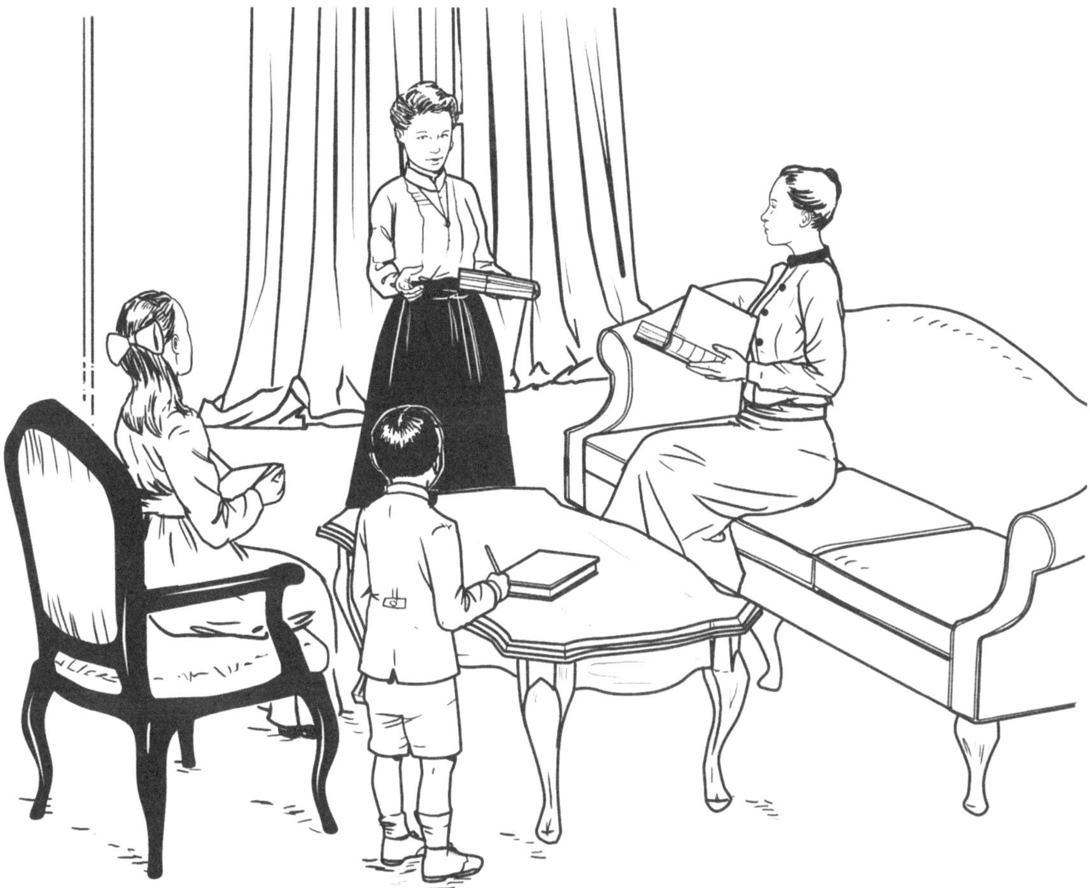

Ihre Aufgabe als Gouvernante war es, die Kinder dieser Familie zu unterrichten. Eine ihrer Schülerinnen war ein Mädchen, das ein Jahr älter war als Maria!

Am Anfang gefiel Maria die Arbeit. Sie hatte ihr eigenes großes Zimmer. Es gab reichlich zu essen, und die Eltern waren nett zu ihr. Sie luden sie zu Festen ein und behandelten sie fast wie ein Mitglied der Familie. In ihrer Freizeit las sie mathematische und wissenschaftliche Bücher.

Eines Tages geschah etwas, das alles veränderte. Maria lernte den ältesten Sohn der Familie kennen. Sein Name war Kazimierz, kurz Kaz.

Maria und Kaz verliebten sich ineinander, aber als seine Familie davon erfuhr, verbot sie ihm, Maria zu heiraten. Aber warum? Weil sie nur eine Gouvernante war! Obwohl sie klug und gebildet war und gute Manieren hatte, betrachteten sie Maria lediglich als Hausangestellte. Sie war nicht gut genug, um ihren Sohn zu heiraten.

Von diesem Moment an war Maria unglücklich. Sie hasste es, mit Menschen zu leben und zu arbeiten, die auf sie herabblickten, aber sie musste ihr Versprechen gegenüber Bronia einhalten. Daher behielt sie diese Anstellung noch über ein Jahr lang bei, obwohl sie ihr absolut zuwider war.

Danach arbeitete Maria als Gouvernante bei einer anderen Familie und kehrte dann nach Hause zurück, um erneut an der Fliegenden Universität zu studieren.

Schließlich schrieb ihre Schwester Bronia aus Paris. Bronia hatte ihr Studium beendet und einen Mann geheiratet, der zufällig denselben Namen trug wie Marias alter Freund – Kazimierz! Bronia und ihr Kaz luden Maria ein, zu ihnen zu ziehen, damit sie an der Sorbonne studieren konnte.

Im Jahr 1891 bestieg Maria einen Zug nach Paris. Bei ihrer Ankunft nahm sie einen neuen Namen an: Marie. Dies war die französische Version von Maria.

Ein völlig neues Leben sollte beginnen.

KAPITEL 3

HUNGRIG ABER GLÜCKLICH

Die Zugfahrt nach Paris dauerte drei Tage. Marie hatte nicht genug Geld, um einen Sitzplatz zu bezahlen. Daher saß sie die ganze Fahrt über auf einem Hocker, den sie mitgebracht hatte! Im Waggon war es so kalt, dass sie sich in Decken einwickeln musste.

Während der Fahrt hatte sie kaum genug zu essen. Das war nur die erste von vielen Entbehrungen, die bald zu ihrem Alltag gehören würden.

Aber das war Marie egal. Sie war glücklich, dass sie sich endlich ihren Traum erfüllen konnte. Die Sorbonne war ein vollkommen anderer Ort. Dort gab es fast keine Regeln. Sie konnte die Kurse belegen, die sie wollte. Sie musste nicht am Unterricht teilnehmen, wenn sie keine Lust hatte. Sie konnte sich sogar aussuchen, ob sie an Prüfungen teilnehmen wollte oder nicht! Und das Beste war, dass es keine Studiengebühren gab.

Das Zusammenleben mit Bronia machte allerdings nicht so viel Spaß. Bronia und Kaz waren beide Ärzte.

Ihre Patienten kamen zur Behandlung in ihre Wohnung. Deshalb war das Haus immer überfüllt und laut. Maries täglicher Weg zur Sorbonne war sehr lang. Sie musste in der Kälte auf dem Oberdeck eines offenen Busses sitzen, was eine Stunde pro Strecke dauerte.

Nach sechs Monaten zog Marie aus und mietete sich eine eigene Wohnung in der Nähe der Sorbonne. Ihre Wohnung bestand aus einem winzigen Einzelzimmer im obersten Stockwerk eines Wohnblocks. Sie hatte keine Küche, also kochte sie über einer Petroleumlampe!

Ihre Mahlzeiten waren spärlich – nur Brot, manchmal eine Tasse heiße Schokolade, ein Ei oder etwas Obst. Einmal war Marie so hungrig, dass sie während des Lernens in der Bibliothek in Ohnmacht fiel.

Im Winter war es in ihrem Zimmer so kalt, dass das Wasser in der Schüssel gefror! Wenn sie heizen wollte, musste sie Kohle kaufen und diese sechs Stockwerke hochtragen. Kohle konnte sie sich aber nicht immer leisten. Meistens schlief sie deswegen unter all ihren Kleidern, die sie übereinander stapelte, um sich warm zu halten!

Es war eine schwere Zeit für eine Frau, allein in Paris zu leben. Nur sehr wenige Frauen besuchten die Universität. Als Marie in die naturwissenschaftliche Fakultät der Sorbonne eintrat, gab es dort 1.825 Studenten, aber nur 23 davon waren Frauen! Es studierten so wenige Frauen in Frankreich, dass die Franzosen nicht einmal ein Wort für „Studentin" hatten. Das einzige Wort, das sie hatten, bedeutete „Freundin eines Studenten".

Marie sprach Französisch, anfangs jedoch nicht sehr gut. Sie musste sich sehr anstrengen, um die Franzosen zu verstehen und um sicherzustellen, dass sie die Wörter richtig aussprach.

Trotzdem war Marie glücklich. Jahre später bezeichnete sie diesen Aufenthalt als eine der schönsten Erinnerungen ihres Lebens.

Sie liebte ihren Unterricht und verbrachte jede wache Minute mit Lernen. Sie interessierte sich für nichts anderes als für die Wissenschaft, und sie wurde von einigen der berühmtesten Wissenschaftlern Europas unterrichtet. Einer ihrer Professoren, Gabriel Lippmann, erhielt später einen Nobelpreis für die Erfindung eines Verfahrens zur Herstellung von Farbfotografien.

GABRIEL LIPPMANN

Nach drei Jahren harter Arbeit und unermüdlichen Lernens legte Marie ihre Abschlussprüfung in Naturwissenschaften ab. In diesem Jahr machten nur zwei Frauen ihren Abschluss. Marie war die Beste in ihrem ganzen Jahrgang – vor allen Männern!

Jetzt, da sie mit dem Studium fertig war, wollte Marie zurück nach Polen gehen. Sie hatte ihrem Vater versprochen, zurückzukommen und sich um ihn zu kümmern.

Dann geschah etwas Wunderbares. Sie bekam ein Stipendium, das es ihr ermöglichte, ein weiteres Jahr zu bleiben. Nun würde sie Mathematik studieren! Marie konnte nicht widerstehen. Lernen war das Befriedigendste, was sie je in ihrem Leben getan hatte. Warum sollte sie jetzt damit aufhören wollen?

KAPITEL 4

ZWEI LIEBEN

Im nächsten Jahr studierte Marie Mathematik an der Sorbonne. Bei den Prüfungen wurde sie Zweitbeste ihres Jahrgangs!

War es nun an der Zeit, nach Polen zurückzukehren, wie sie es versprochen hatte?

Noch nicht ganz. Maries Professor, Gabriel Lippmann, vermittelte ihr eine Stelle in einem Labor an der Sorbonne.

Ihre Aufgabe bestand in der Erforschung von Magnetismus und Stahl.

Magnetismus ist die Kraft, die Magnete und Metall aneinander haften lässt. Das war genau das Richtige für Marie – sie war immer am glücklichsten, wenn sie experimentieren konnte.

Es gab nur ein Problem: Das Labor hatte nicht die beste Ausrüstung. Marie tat sich schwer mit ihren Experimenten. Sie schaffte es nicht, gute Ergebnisse zu erzielen.

PIERRE CURIE

Um ihr zu helfen, machten einige Freunde aus Polen Marie mit einem Franzosen namens Pierre Curie bekannt. Pierre war ein Wissenschaftler, der schon in sehr jungen Jahren berühmt geworden war.

Als Pierre einundzwanzig war, hatten er und sein Bruder entdeckt, dass Quarzkristalle eine elektrische Spannung halten können. Daraufhin erfand er ein wissenschaftliches Gerät namens Elektrometer. Es diente dazu, sehr kleine Mengen an Elektrizität zu messen.

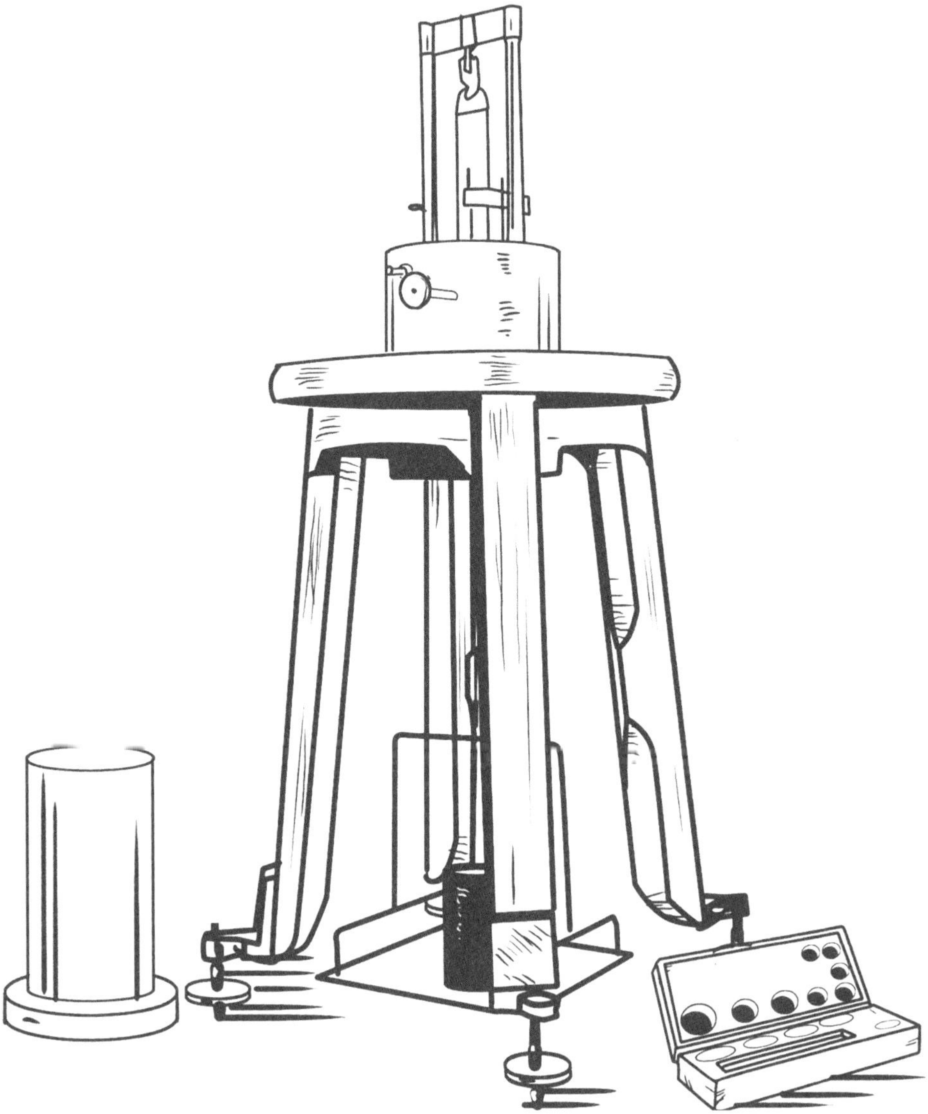

Marie brauchte sein Elektrometer für ihre Experimente.

Der Tag, an dem Marie Pierre traf, veränderte ihr ganzes Leben. Bis dahin hatte sie gedacht, sie würde sich nie wieder verlieben.

Sie dachte, es sei nicht wichtig. Sie hatte vor, ihr Leben ausschließlich der Wissenschaft zu widmen. Aber Pierre war so besonders, so anders als die anderen Männer. Er war klug, ruhig, und er liebte die Wissenschaft genauso wie sie. In vielerlei Hinsicht war er genau wie Marie.

Pierre war auch in einer Familie ähnlich der von Marie aufgewachsen. Sein Vater war Arzt und Naturwissenschaftler. Seine Eltern hielten Bildung für sehr wichtig – genau wie Maries Eltern. Im Gegensatz zu Marie hatte Pierre Lernschwierigkeiten in der Schule gehabt, weshalb seine Eltern ihn zu Hause unterrichteten. Sie ließen ihn seinen eigenen Weg finden. Als er entdeckte, wie sehr er Mathematik und Naturwissenschaften liebte, wurde er von einem langsamen Lerner zu einem superschnellen Lerner.

Als Pierre dreiundzwanzig Jahre alt war, unterrichtete er bereits an der Hochschule!

In dem Moment, in dem Marie und Pierre sich kennenlernten, wussten sie beide, dass der andere etwas Besonderes war. Pierre spürte, dass er eine „geniale Frau“ gefunden hatte.

Marie wusste, dass Pierre die Art von Mann war, mit dem sie reden und dem sie vertrauen konnte. Sie lud ihn in ihr kleines Zimmer ein, um über Wissenschaft zu diskutieren und Tee zu trinken.

Sehr bald schon war Pierre in Marie verliebt.

Er wollte sie heiraten, aber Marie war sich da nicht so sicher. Im Sommer 1894 kehrte sie nach Warschau zurück. Ihr Herz war schon einmal gebrochen worden, von Kaz. Sie war nicht bereit zu riskieren, sich noch einmal zu verlieben.

Pierre gab jedoch nicht auf. Er schrieb ihr und flehte sie an, zurück nach Paris zu kommen, um mit ihm zusammen zu sein. Er bot ihr sogar an, Frankreich – das Land, das er liebte – zu verlassen und nach Polen zu ziehen.

Schließlich erkannte Marie, dass Pierre sie wirklich liebte und dass sie ein gemeinsames Leben als Wissenschaftler führen konnten. Die beiden heirateten am 26. Juli 1895 in Frankreich. An einem perfekten Sommertag fand der Hochzeitsempfang im Garten seiner Eltern statt. Es wurde ein wunderbares Essen serviert, unter anderen Speisen ein gigantischer Truthahn und Riesenpfirsiche! Nach dem Essen spielten die Gäste ein französisches Ballspiel auf dem Rasen. Es war in jeder Hinsicht ein glücklicher Anlass.

Für ihre Flitterwochen kauften sie zwei Fahrräder und machten sich zu einem langen Abenteuer auf. Ihre Hochzeitsreise mit dem Fahrrad dauerte den ganzen Sommer lang!

Als sie im Herbst nach Paris zurückkehrten, machten sie sich sofort an die Arbeit. Nichts machte sie glücklicher, als den ganzen Tag – und sogar die ganze Nacht – in einem Labor zu verbringen.

KAPITEL 5

MARIES ENTDECKUNG

Während der nächsten Jahre studierte Marie weiter und arbeitete gleichzeitig auch an der Erforschung des Magnetismus.

Außerdem genoss sie ihr Leben mit Pierre. Sie kaufte jede Woche frische Blumen für ihre Wohnung. Sie lernte, wie man Stachelbeergelee kocht. Sie und Pierre unternahmen mit ihren Fahrrädern viele Ausflüge. Die beiden verliebten sich immer mehr ineinander.

Am 12. September 1897 bekamen Marie und Pierre ein Baby. Es war ein Mädchen, das sie Irène nannten.

Als das Baby ein paar Monate alt war, zog Pierres Vater zu ihnen. Seine Frau war gerade gestorben, und er war allein. Er erklärte sich dazu bereit, sich um seine Enkelin zu kümmern. Darüber war Marie sehr froh, denn sie wollte gerne wieder arbeiten gehen.

Damals arbeiteten Frauen fast nie außerhalb des Hauses, aber Marie war anders. Sie wollte wichtige Forschungsarbeit leisten, um ihren Doktortitel zu erwerben und später Professorin werden zu können.

Die einzige Frage, die sich stellte, lautete: Woran sollte sie arbeiten?

Marie und Pierre lebten in einer aufregenden Zeit in Paris. Die ganze Welt war verrückt nach einer neuen wissenschaftlichen Entdeckung: Röntgenstrahlen! Erst zwei Jahre zuvor waren die geheimnisvollen Röntgenstrahlen entdeckt worden. Die Wissenschaftler versuchten herauszufinden, wie Röntgenstrahlen wirklich funktionieren. Bald stellten sie fest, dass Röntgenstrahlen einige Dinge im Dunkeln zum Leuchten bringen können.

Aber Marie wollte ein eigenes Thema untersuchen. Sie beschloss, eine andere Art von Strahlen zu untersuchen, die sogenannten Becquerel-Strahlen. Diese Strahlen wurden nach Henri Becquerel benannt, dem Mann, der sie entdeckt hatte. Die Strahlen stammen von einem Metall namens Uran.

HENRI BECQUEREL

Henri Becquerel stammte aus einer Familie von Wissenschaftlern. Sowohl sein Vater als auch sein Großvater waren Wissenschaftler, die Dinge untersucht hatten, die phosphoreszierend waren – also Dinge, die im Dunkeln leuchten.

Henri trat in ihre Fussstapfen. Ohne dass er viel dafür tun musste, wurde er schnell in die Französische Akademie der Wissenschaften aufgenommen. Da Henris Vater berühmt war, ebnete dies für Henri den Weg zu seinem eigenen Erfolg.

Henri experimentierte mit Röntgenstrahlen und Uran. Er entdeckte die Radioaktivität noch vor Marie Curie, aber Becquerel benutzte das Wort Radioaktivität nicht. Er wusste nicht, dass viele Chemikalien Energie abgeben können, und er verstand nicht ganz, woher diese Energie kam. Becquerel hielt an der Idee fest, dass die Energie etwas mit Phosphoreszenz zu tun hatte.

Nach seinem ersten Erfolg stellte Henri die Experimente mit Uran ein. Das war einer der Gründe dafür, dass Marie beschloss, diese Forschung wieder aufzunehmen.

Heute wissen wir, dass Uran eines von mehreren Metallen ist, das starke radioaktive Strahlen abgibt. Aber als Marie Curie mit ihrer Forschung begann, gab es das Wort radioaktiv noch gar nicht! Niemand wusste, warum Uran Energie abgab oder Dinge im Dunkeln zum Leuchten brachte. Und natürlich wusste damals auch noch niemand, dass Uran zum Bau einer Bombe oder eines Kernkraftwerks verwendet werden könnte. Maries Forschung sollte die Tür zu all diesem Wissen öffnen.

Mit Pierres Hilfe richtete Marie ein Labor ein, das sie gemeinsam nutzten. Es war kalt und schmuddelig – nur ein alter Lagerraum in der Schule, in der Pierre unterrichtete. Marie machte das nichts aus. Die Arbeit war das Einzige, was sie interessierte.

Im Labor setzte Marie Pierres Elektrometer ein, um die Strahlung von verschiedenen Metallen zu messen. Die Untersuchungen waren sehr knifflig, weil sie dazu eine sehr ruhige Hand brauchte. Niemand sonst konnte die Tests so gut durchführen wie Marie. Sogar Becquerel hatte es versucht und war gescheitert!

Zuerst testete Marie Uran. Dann untersuchte sie andere Metalle, darunter Gold und Kupfer. Nur das Uran gab Strahlung ab.

Dann tat Marie etwas Geniales – etwas, das die Wissenschaft für immer verändern sollte. Sie beschloss, ein Gestein namens Uraninit zu testen, das man auch Pechblende nennt. Pechblende ist ein Mineral, das sehr viel Uran enthält, das aber auch noch andere Metalle aufweist.

Als Marie die Pechblende testete, stellte sie fest, dass sie noch mehr Strahlung abgab als Uran! Wie war das möglich? Marie fand die Antwort heraus. In der Pechblende musste noch etwas anderes stecken – ein anderes Metall!

PECHBLENDE

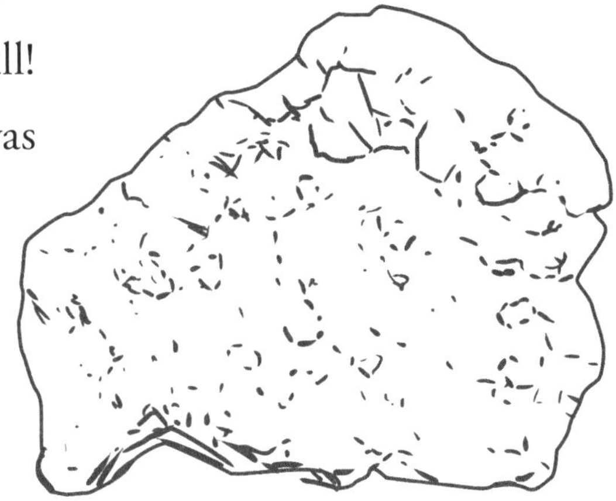

Dieses andere Metall, was auch immer es war, hatte sogar noch mehr Energie als Uran.

Bald erkannte Marie die Wahrheit. Sie hatte ein neues Element entdeckt, von dem die Welt noch nichts wusste!

Marie benannte das neue Metall nach ihrem Heimatland Polen und bezeichnete es als Polonium. Dann erfand sie ein Wort für die Strahlung, die das Metall abgab. Diese nannte sie „Radioaktivität“. Dieses Wort bedeutet „Strahlungstätigkeit“ und bezeichnet die Fähigkeit von Metallen wie Polonium und Uran, Energie an die Luft abzugeben.

WAS IST EIN ELEMENT?

Jede reine Chemikalie auf der Welt wird als Element bezeichnet. Metalle wie Kupfer, Gold und Uran sind Elemente. Das gilt auch für Gase wie Helium – das Gas, das man in Heliumballons verwendet. Die Luft, die wir atmen, ist kein Element, weil sie nicht aus einer einzigen, reinen Chemikalie besteht.

Das Periodensystem de

1 H								
3 Li	4 Be							
11 Na	12 Mg							
19 K	20 Ca	21 Sc	22 Ti	23 V	24 Cr	25 Mn	26 Fe	27 Co
37 Rb	38 Sr	39 Y	40 Zr	41 Nb	42 Mo	43 Tc	44 Ru	45 Rh
55 Cs	56 Ba	57-71	72 Hf	73 Ta	74 W	75 Re	76 Os	77 Ir
87 Fr	88 Ra	89-103	104 Rf	105 Db	106 Sg	107 Bh	108 Hs	109 Mt
Lanthanoide		57 La	58 Ce	59 Pr	60 Nd	61 Pm	62 Sm	63 Eu
Actinoide		89 Ac	90 Th	91 Pa	92 U	93 Np	94 Pu	95 Am

Luft ist ein Gemisch aus Sauerstoff und anderen Elementen. In der Wissenschaft gibt es eine Tabelle, die anzeigt, welche Elemente es auf der Welt gibt. Bis jetzt kennen wir 118 Elemente, doch die Wissenschaftler könnten vielleicht noch mehr entdecken.

Elemente

								2 He
			5 B	6 C	7 N	8 O	9 F	10 Ne
			13 Al	14 Si	15 P	16 S	17 Cl	18 Ar
28 Ni	29 Cu	30 Zn	31 Ga	32 Ge	33 As	34 Se	35 Br	36 Kr
46 Pd	47 Ag	48 Cd	49 In	50 Sn	51 Sb	52 Te	53 I	54 Xe
78 Pt	79 Au	80 Hg	81 Tl	82 Pb	83 Bi	84 Po	85 At	86 Rn
110 Ds	111 Rg	112 Cn	113 Uut	114 Fl	115 Uup	116 Lv	117 Uus	118 Uuo
64 Gd	65 Tb	66 Dy	67 Ho	68 Er	69 Tm	70 Yb	71 Lu	
96 Cm	97 Bk	98 Cf	99 Es	100 Fm	101 Md	102 No	103 Lr	

Um die Welt über ihre neuen Entdeckungen zu informieren, tat Marie das, was Wissenschaftler immer tun: Sie schrieb einen Bericht. Diesen wollte sie einer Gruppe anderer Wissenschaftler in der Akademie der Wissenschaften in Paris vortragen.

Die Akademie war eine Art nobler Wissenschaftsclub für die wichtigsten Wissenschaftler Frankreichs. Es war schwer, dort zugelassen zu werden, da die Mitglieder gewählt werden mussten.

Marie und Pierre waren keine Mitglieder der Akademie. Zu dieser Zeit konnte Pierre nicht einmal eine Stelle als Lehrer an der Sorbonne bekommen! Andere Wissenschaftler hielten Marie und Pierre nämlich für nicht gut genug, weil sie nicht an den besten Hochschulen promoviert hatten. Außerdem war Marie eine Frau. Die Akademie ließ keine Frauen zu. Frauen durften nicht einmal die Räume der Akademie betreten!

Zum Glück hatten Marie und Pierre aber wichtige Freunde. Alle berühmten Wissenschaftler in Europa und Amerika kannten sich untereinander. Im April 1898 wurde Maries Bericht über ihre Entdeckungen von ihrem Lehrer und Freund Gabriel Lippmann vor der Akademie verlesen.

Die Wissenschaftler zeigten Interesse an Maries Bericht, doch niemand war erstaunt – noch nicht. Sie waren sich nicht sicher, ob sie tatsächlich recht hatte. Marie musste noch beweisen, dass Polonium existierte. Wie sollte sie das tun? Indem sie es von der Pechblende trennte.

WAS IST RADIOAKTIVITÄT?

Radioaktivität ist eine besondere Art von Energie, die aus dem Inneren der Atome in bestimmten Metallen oder Chemikalien stammt. Wenn etwas radioaktiv ist, gibt es so lange Energiestrahlen ab, bis die Energie vollständig verschwunden ist.

Wie lange dauert es, bis ein radioaktives Metall seine gesamte Energie verloren hat? Die Antwort ist bei jedem

Metall unterschiedlich. Einige Metalle verlieren ihre Energie schnell – in nur wenigen Minuten, Stunden oder Tagen. Bei anderen Metallen, wie Radium, kann es sehr lange dauern, bis sie ihre Energie verlieren. Wissenschaftler verwenden den Begriff „Halbwertszeit", um zu beschreiben, wie lange es dauert, bis ein Element die Hälfte seiner Energie verliert. Radium hat eine Halbwertszeit von etwa 1.600 Jahren. Das bedeutet, dass es Tausende von Jahren dauert, bis Radium seine gesamte Energie verloren hat.

Sobald die Energie weg ist, ist das Metall nicht mehr gefährlich.

Marie musste sich beeilen! Jetzt, da die Welt über Polonium Bescheid wusste, wollten andere Wissenschaftler es vielleicht ebenfalls untersuchen. Sogar Becquerel war an Maries Arbeit interessiert. Damals wie heute versuchten die Wissenschaftler, sich gegenseitig zu helfen, aber sie konkurrierten auch miteinander, um die Ersten zu sein, die neue Ideen präsentierten.

Becquerel war sowohl ein Freund als auch ein Konkurrent. Er half Marie, Geld für ihre Experimente zu beschaffen, aber anstatt Marie von dem Geld zu erzählen, sagte er es Pierre! Er behandelte sie so, als wäre sie nicht so wichtig wie Pierre, weil sie eine Frau war. Becquerel nahm auch Ideen aus Maries Arbeit auf und versuchte, selbst ähnliche Experimente durchzuführen.

Pierre war das genaue Gegenteil davon. Er mochte es nicht, mit anderen zu konkurrieren. Er liebte einfach die Wissenschaft um ihrer selbst willen. Marie war die Ehrgeizige von beiden. Sie wollte Anerkennung für ihre Entdeckung erhalten. Und sie war entschlossen, als erste Wissenschaftlerin zu beweisen, dass ihr neues Metall tatsächlich existierte.

Also machte Marie sich an die Arbeit. Sie versuchte, das Polonium von der Pechblende zu trennen – aber es gelang ihr nicht.

Die Poloniummengen in der Pechblende waren zu gering.

Bei ihren Versuchen stolperte sie jedoch über etwas anderes. Etwas noch Besseres! Die Pechblende enthielt ein weiteres geheimnisvolles Metall, das Strahlung abgab. Dieses Metall war noch radioaktiver als Polonium. Was war es?

Marie führte eine Reihe von Tests durch, um das herauszufinden. Nach mehreren Experimenten stellte sie fest, dass sie ein weiteres neues Element gefunden hatte! Sie und Pierre nannten dieses neue Metall Radium. Radium war so stark, dass selbst die kleinste Menge millionenfach radioaktiver war als Uran.

Es war ein erstaunliches Jahr für Marie und Pierre. Bis Dezember 1898 hatte Marie zwei neue chemische Elemente entdeckt, von denen die Welt noch nichts gewusst hatte! Andere Wissenschaftler wurden auf ihre Arbeit aufmerksam.

Dennoch wollten einige Wissenschaftler noch mehr Beweise. Sie waren sich nämlich nicht sicher, ob Marie recht hatte. Sie wollten das Radium sehen und es anfassen.

War es überhaupt möglich, das Radium von der Pechblende zu trennen?

Marie war entschlossen, es zu versuchen.

KAPITEL 6

ES LEUCHTET

Nun, da Marie ein wenig berühmt war, hoffte sie, dass die wissenschaftliche Welt ihr etwas Respekt entgegenbringen würde. Deshalb beantragten sie und Pierre bei der Sorbonne ein größeres und besseres Labor. Sie wollten einen sauberen Raum mit neuen Geräten, damit sie ihre Arbeit fortsetzen konnten.

Die Sorbonne lehnte ab.

Stattdessen wurde Marie ein großes, schmutziges, undichtes, altes Gebäude in der Nähe der Universität angeboten. Das Gebäude wurde von Medizinstudenten genutzt, um Leichen für Experimente zu sezieren!

In ihrem Labor gab es keine Heizung, deswegen war es dort im Winter furchtbar kalt. Marie und Pierre mussten sich an einen kleinen Ofen setzen und heißen Tee trinken, um sich warm zu halten.

An manchen Tagen vergaß Marie zu essen, so sehr war sie mit ihrer Arbeit beschäftigt. Abends ging sie manchmal nach Hause, um nach ihrer Tochter zu sehen, kehrte dann aber in ihr Labor zurück, wenn Irène eingeschlafen war.

Drei lange Jahre lang siebte Marie tonnenweise Pechblende. Es war eine harte Arbeit. Das zerkleinerte Gestein wurde auf dem Hof vor ihrem Labor angeliefert, und sie rührte dann Unmengen des braunen Staubes in einem riesigen Topf mit anderen Chemikalien zusammen. Sie musste das Gemisch aufkochen und danach waschen, um die Metalle herauszufiltern. Um eine Tonne zerkleinertes Gestein zu waschen, benötigte sie fünfzig Tonnen Wasser! Insgesamt verbrauchte Marie acht Tonnen Pechblende und vierhundert Tonnen Wasser, bis sie schließlich fertig war!

Allmählich hatte Marie Erfolg. Sie gewann winzige Mengen an Radium aus der Pechblende.

Am Anfang war es kein reines Radium. Es war nur ein sogenanntes Radiumsalz, doch sie arbeitete weiter und versuchte, eine reinere Form des Metalls zu erhalten.

Die Radiumsalze verbreiteten jede Nacht in dem dunklen Labor ein schönes Leuchten. Marie und Pierre nahmen ein Glasgefäß mit nach Hause und stellten es neben ihr Bett. Sie liebten es, es im Dunkeln leuchten zu sehen.

Damals war Marie noch nicht bewusst, dass der Umgang mit Radium keine gute Idee war, denn die Strahlung, die es abgab, war gefährlich. Durch die Berührung wurde ihre Haut nach und nach geschädigt. Henri Becquerel trug ein Glasröhrchen mit Radiumsalzen in seiner Jacke mit sich herum. Einige Wochen später war seine Haut an der Stelle verbrannt, an der sich das Radium befunden hatte. Pierre stellte fest, dass ihm das Gleiche passierte. Der Aufenthalt in der Nähe von Radium schädigte auch das Innere ihrer Körper. Es machte sie krank.

Trotzdem arbeitete Marie weiter und schrieb Forschungsberichte über ihre Entdeckungen. Manchmal verfassten sie und Pierre sie gemeinsam. Marie und Pierre wurden immer noch nicht vollständig respektiert. Oft erhielt Becquerel mehr Aufmerksamkeit und Respekt. Es muss schwer gewesen sein, Seite an Seite mit Becquerel zu arbeiten, vor allem weil Pierre dachte, dass Becquerel heimlich versuchte, dafür zu sorgen, dass er weiterhin nicht in der Akademie der Wissenschaften aufgenommen wurde.

Im Juli 1902, nach fast vier Jahren, hatte Marie endlich ein paar Körnchen reines Radium gewonnen!

Das reichte aus, um zu beweisen, dass es wirklich

existierte. Andere Wissenschaftler untersuchten das Metall und gaben ihr recht.

Marie schrieb eine umfangreiche Forschungsarbeit über ihre Entdeckung. Mit diesem Bericht gelang es ihr endlich, ihren Doktortitel an der Sorbonne zu erlangen. Marie hatte sich noch nie um Kleidung geschert, doch für diesen Anlass kaufte sie sich ein neues Kleid. Im Juni 1903 gab sie ein Festessen. Außer Pierre waren mehrere Freunde und berühmte Wissenschaftler anwesend, darunter Gabriel Lippmann. Sie waren alle sehr stolz auf sie.

SPEKTROSKOPE: WIE NEUE METALLE IDENTIFIZIERT WERDEN

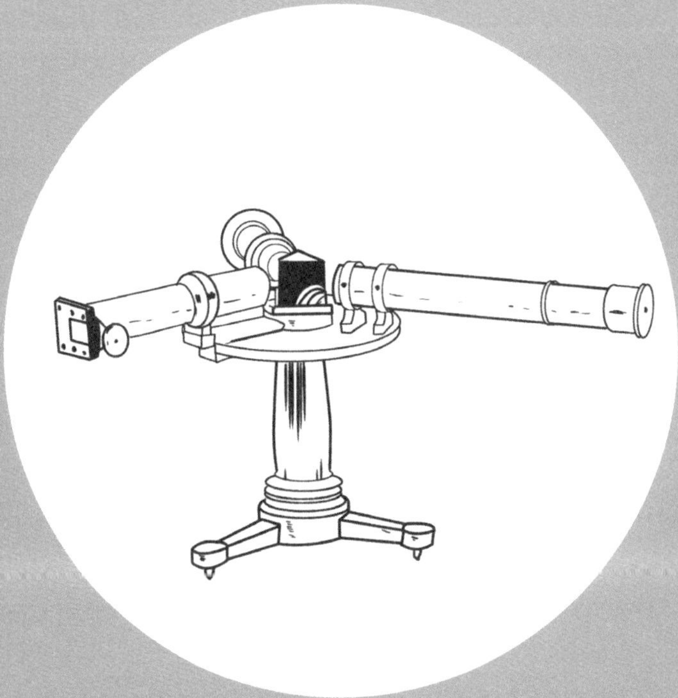

Jedes reine chemische Element ist einzigartig. Das gilt auch für Metalle, denn Metalle sind chemische Elemente.

Um eine Chemikalie zu identifizieren, erhitzen Wissenschaftler sie so stark, dass sie leuchtet. Dann schauen sie sich das glühende Leuchten mit einem Gerät namens Spektroskop an. Ein Spektroskop kann ein Regenbogenmuster von Farben erkennen, das von dem Leuchten ausgeht. Das Regenbogenmuster des Lichts wird als Spektrum bezeichnet.

Das Leuchten jedes Elements erzeugt sein eigenes, einzigartiges Muster oder Spektrum – ähnlich wie ein Fingerabdruck. Wenn Wissenschaftler ein Muster entdecken, das sie noch nie zuvor gesehen haben, wissen sie, dass es sich um ein völlig neues Element handelt!

Als Marie Curie das Radium entdeckte, war ihr klar, dass das Metall existierte, auch wenn sie es nicht sehen konnte! Die einzige Möglichkeit, seine Existenz zu beweisen, bestand darin, das Radium unter ein Spektroskop zu legen. Marie brauchte mehr als drei Jahre, um genügend Radium für den Versuch zu erhalten.

Nun hofften Marie und Pierre, dass sie beide eine gute Stelle in einem anständigen Labor bekommen würden. Das war alles, was sie wollten: einen sauberen, ruhigen Arbeitsplatz. Aber sie waren im Begriff, etwas noch Aufregenderes zu erhalten. Sie standen kurz davor, den Nobelpreis zu gewinnen!

KAPITEL 7

RUHM UND REICHTUM

Der Nobelpreis ist die höchste Auszeichnung, die ein Wissenschaftler heutzutage erhalten kann. Als Marie und Pierre den Brief bekamen, in dem ihnen mitgeteilt wurde, dass sie ihn gewonnen hatten, enthielt dieser jedoch nicht viele Einzelheiten. Sie erfuhren nicht, dass der schwedische König bei der Preisverleihung anwesend sein würde, und sie erfuhren auch nicht, dass sie eine riesige Geldsumme erhalten würden, die heute mehr als eine halbe Million Dollar wert ist!

Also tat Pierre etwas Schockierendes. Er schrieb dem Nobelpreiskomitee zurück und sagte, dass sie nicht kommen könnten! Er bedankte sich für den Preis und erklärte, dass Marie krank sei. Die Reise sei zu lang, schrieb er. Sie könnten sich unmöglich die Zeit nehmen, nach Schweden zu reisen. Sie seien zu sehr mit dem Unterrichten ihrer Schüler beschäftigt.

Pierre und Marie war wahrscheinlich nicht bewusst, dass dies sehr unhöflich war. Sie wussten auch nicht, was für eine große Sache der Nobelpreis war, denn diesen Preis gab es erst seit drei Jahren.

Die Curies sollten sich den Nobelpreis mit einem anderen Wissenschaftler, Henri Becquerel, teilen. Becquerel reiste nach Schweden und nahm den Preis entgegen. In seiner Rede ließ er es so aussehen, als hätte er die ganze Arbeit geleistet. Marie und Pierre erwähnte er fast überhaupt nicht.

Dennoch wurden die Curies über Nacht berühmt. Alle Zeitungen schrieben über sie. Die Menschen waren fasziniert von Marie – einer weiblichen Wissenschaftlerin! Tag für Tag kamen Zeitungsreporter zu ihrem Haus. Wenn Marie nicht zu Hause war, sprachen die Reporter mit ihrer Tochter Irène. Sie schrieben sogar Geschichten über ihre Katze!

Die Zeitungen nannten Marie „Madame Curie“. Madame ist das französische Wort für „Frau“. Damit wollten sie zum Ausdruck bringen, dass Marie nur die Frau von Pierre Curie war, nicht aber selbst berühmt. Marie war für den Rest ihres Lebens als Madame Curie bekannt.

Pierre hasste die öffentliche Aufmerksamkeit. Er hasste alles, was ihn von seiner Arbeit abhielt. Wochenlang versuchten Marie und Pierre, den Reportern aus dem Weg zu gehen. Wenn ihnen Fragen gestellt wurden, antworteten sie nur mit den Worten „Ja“ und „Nein“.

Der Ruhm der beiden hatte aber auch etwas Gutes. Die Sorbonne war nun bereit, Pierre eine Stelle als Professor zu geben. Außerdem bekamen er und Marie nach all den Jahren des Bettelns endlich ein besseres Labor.

Währenddessen verliebte sich die ganze Welt in das Radium. Aber warum? Weil es im Dunkeln leuchtete! Durch das Glühen erschien es vielen wie ein Zaubertrank.

Die Menschen stellten sich vor, dass es Krankheiten heilen würde – und sie hatten damit teilweise recht. Radium konnte bei der Behandlung von Krebs nützlich sein, aber auch das Gegenteil war wahr. Radium machte die Menschen krank, auch Marie und Pierre.

Manche reichen Leute tranken törichterweise jeden Tag Radiumwasser, bis ihre Kieferknochen brachen! Schauspieler und Tänzer schmierten Radium auf ihre Kostüme, damit diese im Dunkeln leuchteten.

Armbanduhren und andere Uhren wurden mit Radium bestrichen, damit die Zeiger leuchteten. Eine Make-up-Firma mischte sogar Radium in ihren Lippenstift! All diese Radiumprodukte fügten den Menschen Schaden zu.

Das Radium schadete Marie und Pierre am meisten, weil sie so viele Jahre lang damit arbeiteten. Pierres Hände waren so geschädigt, dass er sich nicht einmal mehr selbst anziehen konnte. Seine Knochen taten ihm weh. Die Schmerzen erschwerten es ihm sogar, zu gehen.

Auch Marie war oft schwach. Aber 1904 war sie gesund genug, um ein weiteres Kind zu bekommen! Am 6. Dezember wurde ihr kleines Mädchen geboren. Sie nannten es Ève.

Einige Monate nach der Verleihung des Nobelpreises genossen Marie und Pierre das Leben. Sie machten Urlaub am Meer. Von ihrem Preisgeld kauften sie sich neue Kleider und gingen ein paar Mal schick essen. Einen großen Teil des Geldes schickten sie an Maries Familie in Polen. Das Leben schien gut zu sein.

Dann, eines Tages im April 1906, geschah etwas Schreckliches – etwas, das Maries Leben für immer auf den Kopf stellte.

KAPITEL 8

UNGLÜCKLICHE ZEITEN

Am 19. April 1906 war es in ganz Paris regnerisch, grau und feucht. Pierre war an diesem Morgen zu einem wissenschaftlichen Treffen gegangen. Er war bester Laune. Seine Freunde sagten, er sei fröhlicher gewesen und habe mehr geredet als je zuvor.

Nach der Tagung ging Pierre wieder in den Regen hinaus. Überall gab es Pferde, Kutschen, Autos, Menschen und Straßenbahnen. Als Pierre eine große Straße überqueren wollte, wurde er von einem riesengroßen Pferdewagen angefahren.

Pierre versuchte, sich an dem Pferd festzuhalten, um sich aufzurichten, aber er war zu schwach. Er stürzte. Der Fahrer des Wagens konnte den schweren Wagen nicht mehr stoppen. Das Rad überrollte Pierre und zerschmetterte seinen Schädel.

Ein paar Stunden später erhielt Marie die schreckliche Nachricht, dass ihr Mann tot war. Das traf sie ebenso hart wie der Wagen, der Pierre getötet hatte. Marie hatte das Gefühl, dass sie nie wieder glücklich sein konnte. Sie wurde still. Sie wollte nicht mehr essen und kam kaum noch aus dem Bett. Es schien ihr, als sei ihr Leben zu Ende.

Viele Monate lang war Marie unglücklich und allein. Später schrieb sie, dass ihre Kinder Irène und Ève der einzige Grund für sie gewesen seien, weiterzuleben.

Nach einiger Zeit wurde Marie von der Sorbonne dazu eingeladen, Pierres Lehrtätigkeit zu übernehmen. Marie sagte zu, aber es war ein bittersüßer Triumph. Solange Pierre gelebt hatte, war sie nicht als Professorin zugelassen worden! Keine

Frau hatte jemals an der Sorbonne gelehrt. Nun, da Pierre tot war, konnte sie seinen Platz einnehmen.

An dem Novembertag im Jahr 1906, an dem Marie ihre erste Vorlesung hielt, säumten Hunderte von Menschen die Straßen. Reporter und Fotografen kamen. Die Menge wartete darauf zu erfahren, was die berühmte Madame Curie sagen würde.

Würde sie Pierre erwähnen? Würde sie darüber sprechen, wie viel er für die Welt der Wissenschaft bedeutete? Nein. Marie begann die wissenschaftliche Lektion einfach dort, wo Pierre aufgehört hatte. Trotzdem weinten die Menschen im Publikum. Sie alle spürten, wie Marie sich fühlte und wie schwer es für sie war, ohne ihn weiterzumachen.

Während der nächsten Jahre war Marie traurig und unglücklich. Dennoch setzte sie ihre Arbeit fort und zog mit ihren Kindern in ein Haus auf dem Land, nicht weit von Paris entfernt. Marie wollte, dass Irène und Ève schwimmen gehen und draußen spielen konnten. Sie wollte auch, dass sie viel lernten. Irène war besonders klug und liebte Mathematik und Naturwissenschaften, wie Marie. Ève war gut in Musik.

Marie verabredete mit ihren Freunden, eine kleine Gruppe ihrer Kinder zu Hause zu unterrichten. Es war so etwas wie eine „Fliegende Universität“! Alle Erwachsenen unterrichteten abwechselnd in den Häusern der anderen.

Maries Freunde waren alle Wissenschaftler. Sie verbrachten viel Zeit miteinander, aßen gemeinsam zu Abend und unterrichteten die Kinder. Sie fuhren zusammen in den Urlaub an den Strand. Sie standen sich sehr nahe.

Eines Tages bemerkten ihre Freunde eine Veränderung an Marie. Plötzlich schien sie fröhlicher zu sein! Sie trug ein hübsches Kleid mit einer Ansteckblume anstelle der schwarzen Kleider, die sie bisher in ihrer Trauer um Pierre getragen hatte.

Schon bald fanden ihre Freunde heraus, warum Marie so glücklich war. Sie hatte sich verliebt! Das einzige Problem war, dass der Mann, den sie liebte – Paul Langevin–- bereits verheiratet war.

Paul gehörte zum Freundeskreis von Marie und Pierre, denn er war Pierres Schüler gewesen. Er war ein brillanter Wissenschaftler und ein guter Freund. Leider war Paul unglücklich verheiratet. Manchmal war seine Frau gewalttätig. Paul wünschte sich, er hätte sie niemals geheiratet.

PAUL LANGEVIN

Wahrscheinlich hatte Marie nie vorgehabt, sich in einen verheirateten Mann zu verlieben. Aber sie folgte ihrem Herzen und verbrachte trotzdem Zeit mit ihm. Es war das erste Glück, das sie seit Jahren verspürte.

Paul schrieb Liebesbriefe an Marie, und sie schrieb ihm zurück. Eines Tages fand Pauls Frau Jeanne die Briefe. Sie war wütend. Sie drohte, Marie zu töten! Sie verfolgte Marie sogar auf der Straße!

Marie versuchte, Paul davon zu überzeugen, seine Frau zu verlassen und sich scheiden zu lassen. Paul hatte vier Kinder mit Jeanne und wollte seine Familie nicht auseinanderreißen. Deswegen versprach er seiner Frau, dass er Marie nicht mehr sehen würde – außer als ein guter Freund.

In jenem Jahr stand Marie kurz davor, wieder einmal Geschichte zu schreiben. Sie wurde als erste Frau für die Französische Akademie der Wissenschaften nominiert. War Frankreich bereit, Frauen gleichberechtigt zu behandeln? Auf beiden Seiten gab es heftige Reaktionen. Viele Zeitungen schrieben wütende Artikel darüber. Sie waren der Meinung, Frauen sollten nicht in diese private Gruppe von männlichen Wissenschaftlern aufgenommen werden. Obwohl Marie bereits eine der berühmtesten Wissenschaftlerinnen der Welt war, war man der Meinung, sie sollte nicht zugelassen werden.

FRANZÖSISCHE AKADEMIE DER WISSENSCHAFTEN

Als die Abstimmung anstand, durfte Marie nicht einmal das Gebäude der Akademie betreten, um zu sehen, was passierte!

Die Abstimmung fand am 24. Januar 1911 um Punkt 16 Uhr statt. Marie wurde nicht gewählt. Ihre Freunde waren darüber sehr verärgert, aber Marie tat so, als wäre es ihr egal. Sie war nicht die Art von Mensch, die sich über so etwas aufregte.

Außerdem hatte Marie immer noch ihre Arbeit, und sie war immer noch in Paul verliebt.

Im November 1911 fuhr Marie zu einem sehr wichtigen wissenschaftlichen Treffen nach Brüssel, Belgien.

Alle berühmten Wissenschaftler aus Europa waren dort, darunter auch Albert Einstein. Paul Langevin war ebenfalls dort.

Als Pauls Frau erfuhr, dass er und Marie gleichzeitig in Brüssel waren, wurde sie wütend. Sie vermutete, dass Paul und Marie immer noch ineinander verliebt waren.

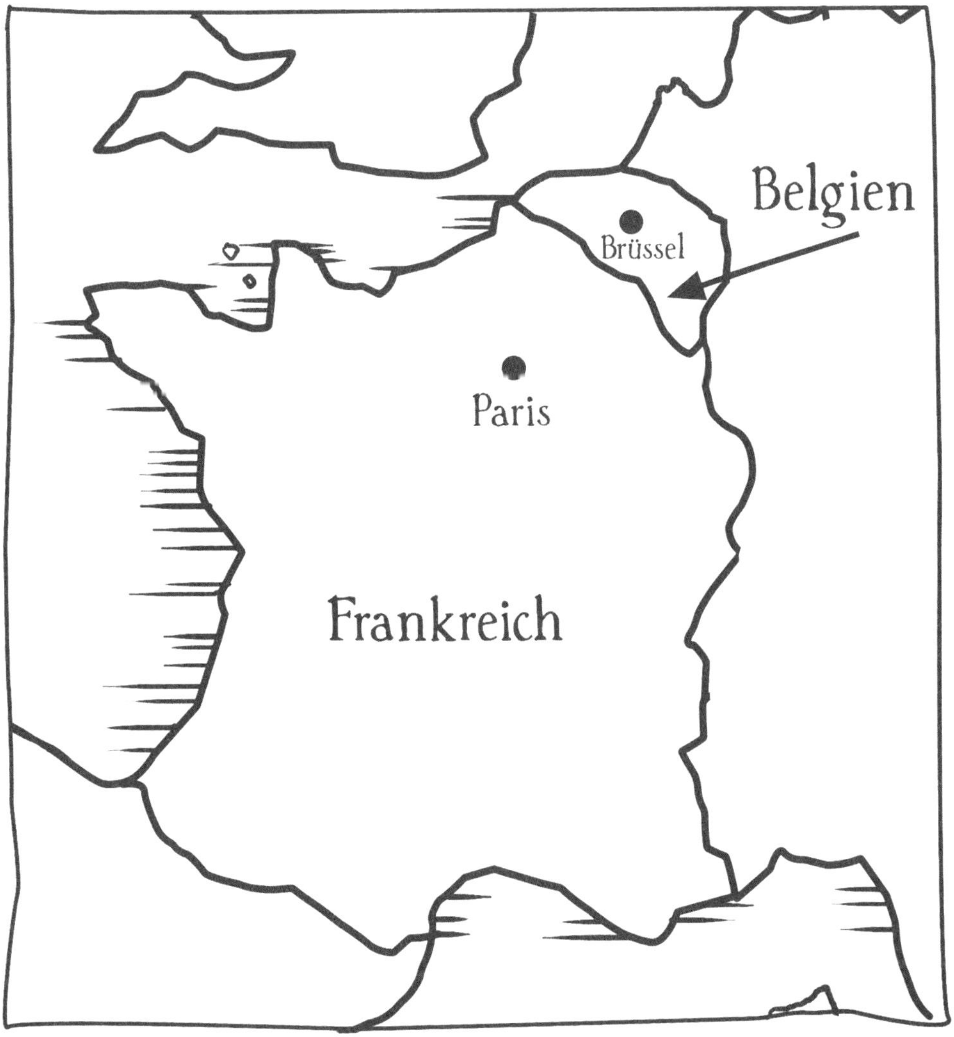

Sie schickte Maries Liebesbriefe an die Pariser Zeitungen! Das verursachte einen schrecklichen Skandal. Jeden Tag standen Geschichten über Marie und Paul in der Zeitung. Viele Franzosen glaubten, Marie trüge die Schuld an allem.

Marie war wütend und entsetzt. Sie wollte nicht, dass ihre Töchter unter der schlechten Berichterstattung litten. Sie wollte auch nicht, dass dies ihre Karriere ruinierte.

Es war eine besonders schlechte Zeit für diese Art von Ärger, denn in derselben Woche hatte Marie einen Brief vom Nobelpreiskomitee erhalten. Man wollte ihr einen *weiteren* Nobelpreis verleihen! Dieses Mal würde sie die alleinige Empfängerin des Preises sein. Das war eine unglaubliche Ehre. Nur drei andere Menschen haben jemals *zweimal* den Nobelpreis gewonnen!

Marie hatte Angst, dass die Zeitungsberichte den Nobelpreis irgendwie beeinträchtigen würden. Sie hatte recht.

Einige Wochen später schickte ihr das Nobelpreiskomitee einen zweiten Brief. Aufgrund der vielen Zeitungsberichte wollten sie, dass Marie den Preis ablehnte!

Sie baten sie, nicht nach Stockholm zu kommen.

Marie wollte sich diese Chance, Geschichte zu schreiben, nicht entgehen lassen. Sie sagte dem Komitee, dass ihr Privatleben privat sei. Sie würde nach Stockholm kommen und den Preis entgegennehmen. Marie war der Auffassung, dass man ihr den Nobelpreis für Wissenschaft verlieh – und für nichts anderes. Alles andere sollte keine Rolle spielen.

Im Dezember 1911 saß Marie in einem Raum mit dem schwedischen König. Der König überreichte ihr die massive Goldmedaille.

Marie hielt mit erhobenem Haupt eine Rede bei einem festlichen Bankett mit Artischocken, Fisch, Huhn und Wein. Ihre Tochter Irène und ihre Schwester Bronia waren anwesend und teilten ihre Freude.

Es war für sie alle ein aufregendes Erlebnis, an das sich die vierzehnjährige Irène ihr Leben lang erinnern würde. Und es sollte nicht das letzte Mal sein, dass Irène diese besondere Reise nach Stockholm unternahm.

KAPITEL 9

EINE FAMILIE VON WISSENSCHAFTLERN

Der Gewinn ihres zweiten Nobelpreises muss für Marie wunderbar gewesen sein, aber der schreckliche Skandal um Paul Langevin hatte sie sehr mitgenommen.

Sie war in jeder Hinsicht erschöpft – krank, traurig und deprimiert. Wahrscheinlich schwächte sie die Radiumvergiftung. Sie hatte zudem noch andere Krankheiten.

Daher tauchte Marie einige Jahre lang unter. Ihre Liebesbeziehung zu Paul war vorbei, aber die Welt verzieh ihr diese nicht. Die Leute warfen Steine gegen ihre Fenster. Die Zeitungen schrieben immer wieder Geschichten über sie.

Marie ertrug all die schlimmen Dinge nicht, die die Leute über sie sagten. Sie reiste von Ort zu Ort und ließ ihre Kinder bei einer Gouvernante zurück.

Marie benutzte überall falsche Namen. Sie wollte nicht, dass die Leute wussten, wer sie war. Wenn jemand sie erkannte und fragte: „Sind Sie Madame Curie?“, log sie und sagte nein.

Schließlich, nach einem langen Aufenthalt in England bei einer guten Freundin, fühlte sich Marie besser. Sie kehrte nach Paris zurück und nahm ihre Arbeit wieder auf.

Mit der Zeit vergaßen die Leute den Skandal. Marie konnte wieder ganz sie selbst sein und ihrer Arbeit nachgehen.

Auch Irène wurde erwachsen. Sie und Marie wurden zu Partnerinnen. Sie unterhielten sich über die Wissenschaft, so wie Marie und Pierre es getan hatten.

Im Jahr 1914 wurde ein ganzes Gebäude für Maries Forschung gebaut. Zunächst hieß es Radium-Institut, später wurde es in Institut Curie umbenannt. Marie hoffte, dass sie und Irène dort sehr bald zusammenarbeiten würden.

Bevor das Labor eröffnet wurde, brach der Erste Weltkrieg aus. Die Deutschen fielen in Frankreich ein. Marie wollte helfen. Sie beschloss, dass ihre erste Aufgabe darin bestand, das gesamte Radium Frankreichs zu verstecken! Sie wollte nämlich nicht, dass die Deutschen es fanden.

Marie packte das Radium in einen schweren Koffer und reiste zehn Stunden lang mit dem Zug. Schließlich deponierte sie das Radium in einem Tresor in einer Hochschule in Bordeaux. Dann kehrte sie nach Paris zurück, nachdem sie eineinhalb Tage lang nichts gegessen hatte. Wenn Marie auf einer Mission war, war alles andere für sie bedeutungslos.

Anschließend erfand Marie ein kleines Röntgengerät, das leicht zu verwundeten Soldaten transportiert werden konnte.

Ihre Geräte wurden „Kleine Curies“ genannt. Marie und die siebzehnjährige Irène fuhren die Geräte zu den Krankenhäusern in der Nähe der Schlachtfelder.

DER ERSTE WELTKRIEG

Der Erste Weltkrieg brach im Jahr 1914 aus. Er begann, als Österreich-Ungarn die ersten Schüsse abfeuerte. Schon bald bekämpften sich viele Länder in Europa gegenseitig. Frankreich, England und Russland standen auf der gleichen Seite. Sie kämpften gegen Deutschland und Österreich-Ungarn. Die Deutschen waren die Angreifer und marschierten in Belgien und Frankreich ein, um dort die Macht zu übernehmen.

1917 traten die Vereinigten Staaten von Amerika in den Krieg ein, um England und Frankreich zu retten. Über 4 Millionen Amerikaner kämpften in Europa gegen die Deutschen. Amerika, England und Frankreich siegten und bezwangen Deutschland. Der Krieg endete am 11. November 1918.

Vier Jahre später, nachdem Deutschland den Krieg verloren hatte, nahm Irène ihr Studium in Paris wieder auf. Nachdem sie ihr Studium abgeschlossen hatte, wurde sie Wissenschaftlerin und arbeitete mit Marie zusammen.

Eines Tages trat Paul Langevin auf seltsame Weise wieder in ihr Leben. Paul erzählte Marie von einem seiner jungen Studenten namens Frédéric Joliot.

Frédéric bewunderte Marie und Pierre Curie. Er wollte gerne in Maries Labor arbeiten.

Marie gab ihm eine Anstellung, und bald verliebte sich Frédéric in Irène. Anfangs traute Marie Frédéric nicht. Sie dachte, er wolle sich nur an die berühmte Familie Curie heranmachen, aber schließlich begann sie, ihn zu mögen. Irène und Frédéric Joliot heirateten am 9. Oktober 1926.

FREDERIC JOLIOT

Marie hatte schon immer vermutet, dass Radium zur Behandlung von Krebs eingesetzt werden könnte, und sie hatte recht. Sie verbrachte den Rest ihrer Jahre damit, nach Wegen zu suchen, wie man Radium verwenden konnte, um Menschen zu helfen. Zur gleichen Zeit erforschten auch ihre Tochter und Frédéric das Radium.

Sie entdeckten die künstliche Radioaktivität! Als Marie immer älter und kränker wurde, übernahm Irène das Radium-Institut.

Im Mai 1934 fühlte sich Marie wieder sehr schwach. Das Radium hatte schließlich die Oberhand gewonnen. Sie lag im Sterben. Ihre Tochter Ève brachte sie zur Erholung in die französischen Berge, doch das half ihr nicht. Marie starb am 4. Juli im Alter von 66 Jahren.

Alle Kleidungsstücke, Bücher, Notizbücher und persönlichen Gegenstände von Marie waren zu gefährlich, um angefasst zu werden. Sie waren radioaktiv! Auch alles, was sie im Labor benutzt hatte, war durch das Radium in Mitleidenschaft gezogen worden. Sogar nach hundert Jahren würden ihre Sachen noch so radioaktiv sein, dass es nicht sicher wäre, sie zu berühren!

Nach ihrem Tod wurde Marie neben Pierre in dem kleinen französischen Dorf begraben, in dem er aufgewachsen war.

Der Ruhm der großen Curie-Familie ging damit aber nicht zu Ende. Schon im nächsten Jahr erhielten Irène und Frédéric Joliot-Curie den Nobelpreis für ihre eigenen Entdeckungen in der Chemie.

Irène und Frédéric hatten zwei Kinder, Hélène und Pierre. Beide wuchsen ebenfalls zu Wissenschaftlern heran. Erstaunlicherweise heiratete Hélène den Enkel von Paul Langevin, der ebenfalls Wissenschaftler war!

Maries jüngere Tochter, Ève, wurde keine Wissenschaftlerin. Stattdessen wurde sie Schriftstellerin. Sie schrieb ein Buch über ihre Mutter mit dem Titel Madame Curie. Ihr Buch trug dazu bei, Marie in Amerika berühmt zu machen.

Marie ist auch heute noch die berühmteste Frau in der Wissenschaft.

Zahlreiche Gebäude wurden nach ihr benannt. Zwei Museen sind ihrem Leben und ihrer Arbeit gewidmet. Ihr Bild wurde auf Geldscheine in Frankreich und Polen gedruckt.

1995 beschloss Frankreich, die Särge von Marie und Pierre auszugraben und in das Panthéon zu bringen. Das Panthéon ist ein altes Gebäude in Paris, in dem die berühmtesten Persönlichkeiten Frankreichs begraben sind. Der französische Staatspräsident kam zu der großen Zeremonie.

Nun spielte es keine Rolle mehr, dass Marie Curie eine Frau gewesen war. Endlich wurde ihr der größtmögliche Respekt gezollt und die Ehre zuteil, die sie immer verdient hatte.

Ihre Arbeit hatte die Welt verändert, und ihr Name würde für immer weiterleben.

ZEITLINIE DES LEBENS VON MARIE CURIE

1867	Maria Sklodowska wird in Polen geboren.
1883	Mit 15 Jahren schließt sie die Schule als Klassenbeste ab.
1891	Sie kommt nach Paris, um die Sorbonne zu besuchen.
1895	Heiratet Pierre Curie
1897	Geburt ihrer ersten Tochter Irène
1898	Entdeckung zweier neuer chemischer Elemente
1902	Gewinnung einer Probe von reinem Radium
1903	Zusammen mit Pierre gewinnt Marie den Nobelpreis für ihre Arbeit über Radioaktivität.
1904	Pierre beginnt seine Lehrtätigkeit an der Sorbonne.
1904	Ihre zweite Tochter Ève wird geboren.
1906	Pierre kommt bei einem Unfall ums Leben.
1906	Übernimmt Pierres Lehrtätigkeit an der Sorbonne.
1911	Gewinnt ihren zweiten Nobelpreis.
1914	Erfindet ein Röntgengerät, um verwundeten Soldaten auf dem Schlachtfeld während des Ersten Weltkriegs zu helfen.
1926	Tochter Irène heiratet Frédéric Joliot.
1934	Stirbt im Alter von 66 Jahren.

ZEITLINIE DER WELT

Die erste Passagier-U-Bahn wird in London eröffnet.	1863
Präsident Abraham Lincoln wird durch ein Attentat ermordet.	1865
Der Suez-Kanal wird eröffnet.	1869
Alexander Graham Bell erfindet das Telefon.	1876
Die Brooklyn Bridge wird nach über einem Jahrzehnt Bauzeit eröffnet.	1883
Einer der ersten Stummfilme, The Great Train Robbery, wird uraufgeführt.	1903
Die Gebrüder Wright fliegen das erste Flugzeug.	1903
Henry Ford stellt das Modell T vor.	1908
Die Titanic sinkt.	1912
Beginn des Ersten Weltkriegs in Europa.	1914
Der Panamakanal wird eröffnet.	1914
Ernest Shackleton reist in die Antarktis.	1914
Die Vereinigten Staaten treten in den Ersten Weltkrieg ein.	1917
Der Vertrag von Versailles beendet den Ersten Weltkrieg.	1919
Der US-Aktienmarkt stürzt ab und löst die Große Depression aus.	1929
Das Empire State Building wird fertiggestellt.	1931
Amelia Earhart fliegt als erste Frau allein über den Atlantik.	1932

QUELLEN

Cobb, Vicki: *Marie Curie.* New York: DK Publishing, 2008. *

Curie, Ève: *Madame Curie: A Biography.* Boston: Da Capo Press, 1937.

Goldsmith, Barbara: *Obsessive Genius: The Inner World of Marie Curie.* New York: Atlas Books, 2005.

Quinn, Susan: *Marie Curie: A Life.* Boston: Da Capo Press, 1995.

*Bücher für junge Leser